지구별에서 함께 걸어갈,

_____님께 이 책을 드립니다.

누리는 만큼 네 것이다

글 최송희
그림 성영주 · 강연수

누리는 만큼 네 것이다

초판 1쇄 발행 2023년 12월 05일

글 최송희
그림 성영주, 강연수
펴낸이 류태연

펴낸곳 렛츠북
주소 서울시 마포구 양화로11길 42, 3층(서교동)
등록 2015년 05월 15일 제2018-000065호
전화 070-4786-4823 **팩스** 070-7610-2823
홈페이지 http://www.letsbook21.co.kr **이메일** letsbook2@naver.com
블로그 https://blog.naver.com/letsbook2 **인스타그램** @letsbook2

ISBN 979-11-6054-670-5 03810

* 이 책은 저작권법에 따라 보호를 받는 저작물이므로 무단전재 및 복제를 금지하며, 이 책 내용의 전부 및 일부를 이용하려면 반드시 저작권자와 도서출판 렛츠북의 서면동의를 받아야 합니다.
* 이 책의 본문은 '을유1945' 서체를 사용했습니다.
* 잘못된 책은 구입하신 서점에서 바꾸어 드립니다.

누리는 만큼 네 것이다

최송희 시집

작가의 말

국군간호사관학교를 졸업하고,
수술실 간호장교로 6년간 복무하였다.

전역 후에는 전업주부로 지내며,
여러 분야에 관심을 넓혀나갔다.

이후, 학교 보건 교사로 근무하고 있으며

틈틈이 적어둔 글을 모아
한 권의 책으로 엮게 되었다.

눈물 한 됫박,
기쁨 한 종지,

그런 삶이어도,
행복은 누리는 만큼 내 것이 됨을..
시 삽화를 그려주신 성영주 선생님,
그림을 포토샵으로 옮겨준 연수,
10여 년 전 보건실에 앉아있던 내게,
그림 한 장을 불쑥 내밀며
"선생님, 그린 거예요"라고 말하던
이름조차 희미한 옛 제자와
늘 괜찮다는 말로 자신감을 심어준 가족들에게
고마운 마음을 전한다.

차례

작가의 말 _06

하나..
    자연..

둘..
    나 그리고, 일상..

못난이 과일 _16
벚꽃 낙하 _18
동틀 무렵 _19
동토의 나무 _20
담쟁이 _22
채색옷 _24
모기 _25
질서 _26
다시 봄 _28
K-식문화 _30

문안 인사 _42
검 한 자루 _44
나를 가두다 _46
도식화 _48
아침 밥상 _50
길을 잃다 _52
일탈 _53
한 해 양식 _54

셋..

　　문득.. 뇌리를 스치는

넷..

　　힘을 주는..

살림 잔머리 _60

제습기 _64

재미있는 숫자놀이 _66

인체의 신비 _68

등목 _69

캐슬이라 부른다 _70

살림살이 _72

반려 생물 _73
　I. 반려 물고기
　II. 반려동물
　III. 반려 식물

마늘 _84

말 _85

쇠털 같은 날 _88

시간 분할 _89

옷걸이 _90

시간 요리(위드 코로나) _91

제자리 _94

건하 _96

까꿍 _98

코끼리 다리 _100

다섯..

   마음..

여섯..

   보건실 단상..

고통이 고통에게 _104

단짝 _106

회상 _108

닫힌 마음 _109

척 _110

바람이 전해준 이야기 _112

두각 _118

출근길 _122

욕 _124

상벌위원회 _126

보건실은 참새 방앗간 _130

일곱..

　　화..

여덟..

　　마실..

21C 신문고 _138

마땅한 분노(火) _140

붕괴 _142

이중잣대 _144

일터 _146

산소면접권 _148

동네 탐방 _155

글을 마치며 • 꾀병도 병이다 _157

자연..

우주에서 내려다본 지구는,

축제가 한창이다.

은행나무

눈부신 등을 매달고

하늘 향해 갈구하다, 노오란 나비 되어 내려온다.

에로스와 프쉬케.

둘이 하나 되어 이 땅을 딛고 서 있다.

이제 땅속 먼발치에서 서로를 바라보리.

아지랑이 꼬물대는 그 날,

싱그런 이파리 되어 만나리라.

못난이 과일

비바람에 맞서
거칠고 비뚤어져
벌레의 밥이 되어주는,
작고 못생긴 사과를 사리라.

경사진 오르막
자갈밭에 심기어
물을 찾아 사투를 벌이며
땅속 깊숙이 뻗은 뿌리.
그런 포도나무에 매달린 너를 사리라.

눈보라 맞고 선
윤기 없고 거친 귤이라면,
그래, 너라면—

반짝반짝 윤이 나고
거친 우박에 아파 본 적 없는,
비닐하우스 안 애송이와 비교할 수 없어.

눈물방울 베갯잇 수놓고
가슴이 저며와
숨을 몰아쉬고
정신을 두고 나온 사람처럼 멍한,
곰삭은 맛 나는 너라서

생채기 난 마음, 새살 돋는다.

벚꽃 낙하

자유낙하하는 벚꽃 잎들이
나비마냥 날아다닌다.
비 온 뒤 거리는
연분홍 타일을 깐 듯 환하다.
벚꽃 길을 걸을 때는
고개를 젖힐 것.
공중에 매달린 몽글몽글한 벚꽃 등을 보려면.

연분홍 꽃비와
밤을 밝히는 벚꽃 등이
마음을 어루만지는,

글자 수만큼 짧은 봄.

봄을 아쉬워하다.

동틀 무렵

어둠을 뚫고 나갔는데
돌아오는 길은 환하다.
바람에 몸을 싣고, 수직으로 비행하는
몸놀림이 경쾌하다.
참새들의 합창을, 걸음 멈추고 듣는다.

살갗에 스치는 바람은, 한없이 청량하고
거미줄을 걷어낸 듯
마음의 창마저 투명한 아침이다.
꽃들이,
색의 향연을 펼치고,
화음 맞춰 지저귀는 새들이,
떠나는 봄을 아쉬워하는,

우주에서 내려다본 지구는, 축제가 한창이다.

동토의 나무

후두둑 떨어지는 낙엽 비.
하나둘 비늘을 벗어버리는 나무들.
근심도 번민도, 하나둘 바닥에 내려놓고
가벼워진 육신으로 언 땅 위에 서 있다.

거센 바람 몰아쳐도 괜찮아.
더는 떨굴 비늘 없으니.
눈보라 몰아쳐도 괜찮아.
더는 어깨 짓누르는 아픔 없으니.

땅 위에 흩어 뒹구는 상념의 조각들.
더는 나부끼지 못하고
땅속 깊은 곳으로 흘러들었네.
언 땅 풀리는 어느 날,

수줍은 듯 매달린

여린 비늘 되어 다시 오리니.

담쟁이

씨 한 톨.

회색 담, 틈 사이에 살포시 내려와 앉았다.

미끄러지지 않고

비바람에도 살아

가녀린 뿌리 내렸지.

절벽에 매달린 채,

두 손 맞잡고

하늘 향해 행군한다.

죽어 있던 플라스틱 담장은

살아있는 담쟁이에 점령당했다.

회색 담이었는데

플라스틱 벽이었는데

생명을 불어넣은

위대한 담쟁이.

설치미술가 담쟁이 덕에
삭막한 도로가 환해졌다.

채색옷

유리창 액자 너머,
너른 땅.
시시각각으로 변하고 있다.
안토시아닌,
카로티노이드,
탄닌 폭발로
대지는 물감을 뿌려놓은 듯 화려하다.
풀과 나무에
채색옷 갈아입히고 계시다.

모기

비행 솜씨가 제법이다.

눈에 힘주고, 모기를 쫓는다.

사경 10cm.

짝, 짝!

손바닥 속은 텅.

닫힌 방,

수색대 되어 샅샅이 뒤진다.

눈에 심지 켜고 찾는다.

스텔스기처럼,

감쪽같이 사라지고 말다.

수직 비행 후,

우주로 날아간 게 분명하다.

아니, 땅을 파고 들어간 게 확실하다.

포기하기로 마음먹는다.

대신, 공군에 모기를 연구하시라,

건의나 해야겠다.

질서

봄 다음에 겨울이 온다면
곡식 익을 새 없겠네.
겨울 다음, 다시 가을이 온다면
삭막함에 쓸쓸함만 더하겠네.

나이를 거꾸로 먹는다면
차도와 인도 구분이 없다면
해가 뜨고 싶을 때만 뜬다면

하늘 아래 정해진 것이 아무것도 없다면?

질서가 없다는 건..
쓸데없이 에너지를 허비하는 일..

드넓은 우주,

한 치 오차 없이

해, 달, 별을 굴리시는 노고에 감사를.

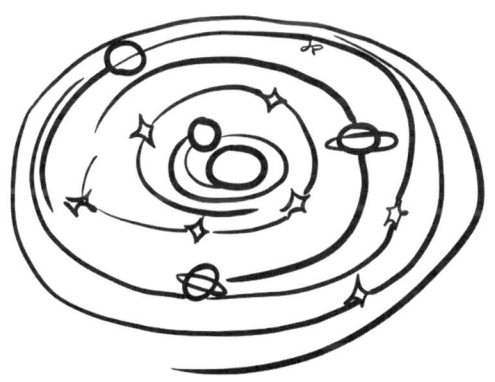

다시 봄

이천이십 년 봄,
코로나 봄날은
한 해로 족하다 했건만
이천이십일 년 다시 봄,
꽃은 홀로 피고 졌다.
이천이십이 년 또다시 봄,
끈질긴 바이러스가
봄꽃처럼 흩날려도
싹을 틔우고 꽃봉오리를 내미는

봄날이 기쁘다.

K-식문화

어쩌다 보니 조리사 자격증을 몇 개 가지고 있다.
취미로 배운 요리로 시험까지 보게 되었고
3년에 걸쳐 한, 중, 일, 양식 조리사 자격증을 취득했다.

전혀 써먹지 못한, 말 그대로 '증'에 불과하지만.
그러나 요리를 배우면서 느꼈던 것은
K-드라마, K-영화, K-팝, K-콘텐츠보다
더 자랑스러운 것은
요리 재료에 대한 조상들의 다양성과 창의력이었다.

잎부터 줄기, 뿌리까지 전체(全體)를 먹는 지혜에
놀라움을 가지게 되었다.
우주를 닮은 사람의 몸은 전체(全體)를 필요로 한다.
잎사귀는 잎사귀대로,
줄기는 줄기대로,
뿌리는 뿌리대로

각기 다른 성분을 가지고 있기 때문이다.

20세기 초 우리나라를 여행했던 어떤 외국인이
모국에 돌아가서,
"동양의 어느 나라에 갔더니
까만 종이를 먹는 것을 보았다" 말했다는
글을 읽은 기억이 있다.
우리나라의 김에 관한 이야기이다.
요리를 배우면서,
한식에 대해 으쓱해지는 순간이었다.

물론,
조리 과정에서 과학적인 면이 부족하고
짜고 매워서 성인병을 유발할 수도 있다는 점은
보완해야 할 첫 번째 단점이기도 하지만.
또, 동물의 껍질과 내장에는
몸에 나쁜 호르몬과 성분들이 모여있어,
과학적 근거를 기반으로 하는 요리를 선보이는
서양에서는 보기 힘든 식 재료이지만,

우리나라에서는 계속 사용되고 있다는 것도
바뀌었으면 하는 음식문화 중의 하나이다.

특히, 소 돼지의 부속물로 만든 요리는
일제 시대의 잔재라 말할 수 있는데,
육축을 도살하여 살코기는 일본으로 보내고
껍질, 뼈, 내장은 우리나라에 남겨두게 되어,
동물의 부속물로 만든 여러 조리법이
개발된 것이라고 볼 수 있겠다.
이는, 식생활에 깊이 파고든
한나라의 역사와 문화를 엿볼 수 있는 사례이다.

각 나라마다, 요리법의 특수성과 장점이 있겠지만,
우리나라만큼 요리법과 요리 재료의 다양성을
가진 나라는 보기 어렵겠구나! 생각하곤 했다.
절대 국수주의도 보수우파도 아니지만,
각국 요리를 배우면서 가지게 된
내 나라에 대한 자긍심이다.

중식은 재료는 다양하지만
조리법은 거의 기름에 튀기는 것이고,
일식은 색이 다양하고
자극적이지 않아 건강하지만
조리법이 우리만큼 다양하지가 않았다.
양식은 아시다시피
조리법과 재료가 우리나라에 비해 빈약하고.

우리 요리 재료의 다양성과 조리 방법의 무궁무진함에
놀라곤 했던 요리 수강생 시절이었다.

열강의 틈바구니 속,
늘 쫓기듯 살아오면서
끼니조차 잇지 못하는 삶을 이어온 우리 조상들은
"식사하셨어요"가 인사가 되었다.
대체 어느 나라 인사가 밥 먹었냐고 물어본단 말인가?

농자천하지대본(農者天下之大本)으로 여기며
하루 세끼 먹는 것을 큰 복으로 여겼기에

먹는 것을 소중히 여기는 민족이었음이 분명하다.

영등포에 있는 모 조리학원을 다닐 때
한식을 가르쳤던 일흔 넘으신 선생님을 잊지 못한다.
그날의 요리는 뜨거운 국 종류였던 것 같다.
냄비에서 그릇으로 옮기는 과정에서,
너무 뜨거워 하마터면 놓칠 뻔했다.
선생님께서는 뜨거운 것을 만질 때에,
특별한 방법이라도 있는 것처럼
"그럴 때는 말이야"라며 운을 떼셨다.

수강생들은 모두 귀를 쫑긋하고 집중했다.

기다리던 우리 귀에 닿은 말씀은
"아무리 뜨거워도 꾹 참으라"는 것이 아닌가?
이 무슨 궤변이란 말인가?
그러다 아! 하고 깨달아지는 것이 있었다.
특별한 방법은 없는 것이었다.

그릇을 떨어뜨리면 시험에서 떨어지니까
뜨거워도 잠깐만 참으면 된다는.

별것 아닌 것이
별것이 되는
선생님의 가르침이었다.
요리와 인생을 함께 배우던 시절이었다고나 할까?

2000년대 초반, 학교 직영 급식을
서울에서 최초로 이끈 학교에서
운영위원으로 급식 위원으로
메뉴 선정도 하고 조리법도 고민했던 적이 있었다.
내 아이가 있는 학교의 모든 아이들이
건강한 음식을 먹었으면 하는 엄마의 마음으로.

하지만 20여 년이 지나 K-문화가 퍼져가는 이때,
앞다투어 방영하는 먹방을 보고 있자면,
국민을 일차원적인 존재로 모는 것 같아
안타까운 마음이 드는 것도 사실이다.

프랑스의 어느 유명 철학자는,

국민이 우매하면 국가의 미래가 암울해진다는,

신념에 가까운 생각을 가지고 있었다.

정치인의 부패로 국가적 위기가 왔을 때,

개인의 일을 뒤로하고 각 지역의 카페를 찾아,

그곳에 사는 사람들과 토론하며

나라를 위한 일이 무엇일까? 함께 고민하였다고.

국민의 의식을 일깨우고

국정이 바르게 나아가도록 힘쓴 그에게,

프랑스 국민들은 한없는 존경과 사랑을 보냈다는

글을 읽은 적이 있다.

방송국과 정부는,

국민들이 먹는 방송이나 보면서,

생각과 마음을 다른 곳? (다시 말하면 정치, 경제,

사회 문제 등)으로 향하는 것을

막으려는 심산인가? 하는 생각을 할 때도

있었고.

아뭏든, 인간은 사유하는 존재인데,
마음의 먹거리를 소홀히 하지는 않았는지
돌아볼 때라는 생각이 든다.
그래도, 요리를 배워본 사람으로서
K-요리가 자랑스럽다.

영화, 드라마, 음악 등 K-문화가
널리 널리 퍼져가는 이때,
K-식문화의 보완이 이루어져
지구촌 사람들에게 한 발짝 더 다가서기를
기대해 본다.

나 그리고, 일상..

검 한 자루 허리춤에 꽂고,
세상 밖으로 내던져지기를.

사랑니

차라리 말썽니, 골칫니라 부르는 게 낫겠다.

이름값 못 하는 사랑니.

딸이 사랑니 때문에 힘들어한다.

문안 인사

부모 걱정하여,
안부 묻는다지만
기실은,
목소리 들려줌으로

자식 걱정하는,
부모 마음 안심시키는 거라는 걸.

검 한 자루

천둥벌거숭이로 태어나도
검 한 자루 쥐여 주고, 등 떠밀어야지.
싸움터 나가는 자식에
과도라도 한 자루 건네주어야지.
실오라기 하나 없이,
우주 밖으로 걷어차인 마음.
포탄이 날아오고 창검이 춤추는
전쟁 같은 삶의 한복판.
내리꽂히는 창,
피할 수 없어 돋아난 가시들.
남을 찌르고 나를 아프게 한다.
검 한 자루 허리춤에 꽂고
세상 밖으로 내던져지기를.

나를 가두다

밖에서 문을 걸어 잠근 것도 아닌데
한 발짝 나가는 일이 성가시다.
찬란한 햇빛을 눈으로만 감상하다.
재작년 발발한 주사 피부염 탓이다.
아니다. 핑계다.

쨍한 햇발,
내려다보는 게 좋을 뿐.
풍덩 뛰어드는 건 고사하기로 마음먹었다.
언저리에서
살금살금,
조용히,
만끽하는 맛이 있다.

내키면,
종아리가
발바닥이
아우성치도록 걷는다.

나를 걷게 하는 부싯돌,
무얼까?

도식화

뇌의 한 귀퉁이 한적한 폴더에 저장하고 말았다.
직장가는 길 27km.
위험지역 네 군데,
좌회전 세 번,
우회전 두 번,
손도
발도
뇌도
마음마저도
기능이 떨어지고 있어.
뇌 폴더에
부호가
그림이
도식이
한 자리 차지하고 있다.

아침 밥상

꿈길을 거닐다, 후다닥 일어난다.
냉장고 문 열고
파, 마늘, 호박, 양파를 꺼낸다.
삼치, 닭가슴살도 내려놓는다.
떼구루루 구르는 양파 따라가다
머리 젖히고 웃어본다.

보글보글 된장찌개.
담백한 삼치구이, 닭가슴살 샐러드.
게걸음으로 가스 불과 싱크대를 바삐 오간다.
밥상 위에 하나둘 아침상이 차려진다.
0교시 수업은 이로써 끝났다.

직장 1교시 늦지 않으려면, 서둘러야 한다.

음식 타박일랑 마시라.

수십 번의 씻고 다듬고 자르고

볶고 끓이는 과정을 거쳤나니.

길을 잃다

방 안에서 길을 잃었다.
어디로 가려 했던 걸까.
미로 속 헤매며, 종종걸음 쳐봐도
길을 찾을 수가 없다.
한 발짝 기어가니,
벽.
뒤돌아서니,
또 벽.

한 평 방에서 길을 잃다.

일탈

답답한 맘에 무작정 뛰쳐나갔다.
시장 올레길 한 바퀴 걷는다.
시끌시끌 북적북적,
살아 숨 쉬는 활화산 닮아있다.
오이 하나,
가지 하나,
아보카도 사 들고
카페 가서 라테 털어 넣고
걷다 보니 집 앞이다.
비뚤어져 봤자다.

일탈치곤 소소하다.

한 해 양식

도시에 살고 있지만, 봄에 가장 바쁘다.
꽃 구경 때문이 아니다.
씨 뿌리는 것도 아니다.
밭 가는 것도 아니다.
그저 일 년 먹을,
양념거리를 준비하는 일로,
장터에 나가는 일이 잦아진다.

튼실한 마늘을 골라, 껍질 벗기기에 돌입.

망부석 되어 서너 시간,
말갛고 하얀 속살을 드러낸
마늘들을 보고 있자면,
적잖이 뿌듯해진다.
잘 갈아서 먹기 좋게 소분하여,
냉동실로 직행.

매실액은 남아있으니 건너뛰고.

건 고추는 잘 닦아서,
볕 좋은 날 말려야 한다.
바짝 말라야,
오래 두어도, 곰팡이가 친구 하자 않을 테니.

양념들이, 냉동실 방 한 켠에 자리를 잡을 때면
봄날에게 안녕을 고해도 된다.

문득.. 뇌리를 스치는

살림살이는, 말 그대로 살리는 일이다.

예흔

여유라는 글자는, 여유가 느껴져서 좋다.

여유

아니

여~~유라고 해야 어울린다.

살림 잔머리

똑같은 일
쳇바퀴 돈다면
쉽게 빠르게 하는 것이 지론.

양말,
세파 맞아 뜯겨나간
둥근 플라스틱 채반에 널어 말린다.

구멍 숭숭 잘도 마르지.

야채 묶었던 철끈,
감상 끝낸 꽃다발 질끈 묶어
뒤집어 걸어둔다.

오늘은 생강데이
내일은 마늘데이
날 잡아 하루 한 가지씩

청소
오늘은 거실만
내일은 주방만

싫증 나기 전에
지겨워지기 전에 끝내야 한다.

힘들다는 생각이
뇌 폴더에 저장되지 않도록

억지로 하는 일은 적을수록 좋다.

후다닥 해치우고
나에게 자유를.

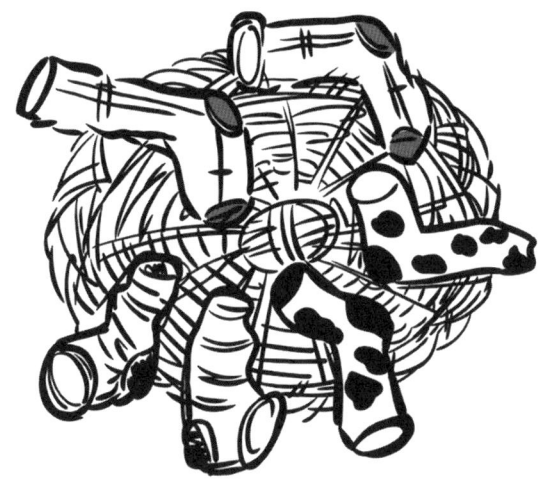

제습기

벌써,
세 통째 비웠다.
장마철도 아닌데,
어디서 나오는 걸까?
갑자기 든 생각—
아프리카 오지에 제습기를 보내자.

이런 생각
기발한걸 후훗.

제습기는 아프리카 오지마을로 날아가고 있었지.

그러다 어느 순간.
이런, 바보!
전기를 맘대로 쓸 수 있다면
수도를 놓았겠지.

며칠간,
아프리카를 도울 수 있어 행복했다.

재미있는 숫자놀이

일일(一一)이 설명하니 알아듣네.
상을 타니 기분이 이이(怡怡)하다.
점심에 먹은 국이 삼삼하게 맛있었다.
나뭇가지에 살짝 긁힌 것은 아주 사사(些些)로운 일이다.
가뭄이 계속되니 민심이 오오(嗷嗷)해 졌다.
성격이 꼼꼼해서 업무처리가 아주 칠칠하다.
여든 넘은 우리 할아버지는 아직 팔팔하시다.
그녀는 구구(區區)한 사연을 토해내었다.
그의 열열(咽咽)한 울부짖음을 들으니 마음이 아팠다.

인체의 신비

세포 하나
혈관 한 줄
뼈 한 조각
털끝 하나까지
유기적으로 이어져
톱니바퀴처럼 돌아가니
펄떡거리는 생명이 된다.
기계보다 정밀한 인간을 만든 이,
누구인가.

등목

야심한 우물곁.
남정네들 모여든다.
칠흑빛 하늘이 녹아든 심연으로
두레박을 내린다.
골을 드러낸 채,
엉덩이를 하늘로 추켜올리면,
거사가 시작되지.
땅속에 갇혀 세상 더운 맛 모르는 우물물.
등판에, 차르르 쏟아진다.
요추 위를 미끄러져
척추 마디마디를 지나,
경추에서 하늘로 솟구친다.

단꿈을 위한 연극무대, 이곳은 우물가 공연장이다.

캐슬이라 부른다

그곳을
캐슬이라 부른다.
높은 담 둘러 빽빽한 벚나무
저잣거리 눈에 띄지 않도록,
드나드는 문마다 수문장 서 있네.
담이 갈라놓은 건
몸만은 아니지.
섞이고 싶지 않은 그들을
우리가 테두리 쳐 가둬두었다.

임금님 사는 궁,
왕과 백성 가로막았지만.

세월 흘러, 21세기 조선 땅
현대판 궁, 높은 담벼락
너와 나, 우리를 갈라놓고 있다.

살림살이

밥하고
빨래하고
청소하는, 일.
아껴 쓰고
나눠 쓰고
바꿔 쓰고
다시 쓰는, 그 일.

살림살이는
말 그대로 살리는 일이다.
우리를
지구를
후손을

앓던 지구가 툭툭 털고 일어나는 일이다.

반려 생물

I. 반려 물고기

화장실 입구에 작은 수족관이 있다.
열대어에 빙의되어
바닷속을 유영하는 자유로움을 만끽하며,
지내던 어느 날.
수족관 속 녀석들의 어딘가
심심하고 따분한 얼굴을 포착하였다.
그날로 시장에 가서 열대어 두 마리를 더 사서 풀어놓고
뿌듯한 마음으로 들여다보았다.

하지만 아침에 일어나서 목격한 수족관 속 처참함이란!
수중 전투가 벌어졌던 모양새다.
애지중지 키우던 열대어의 사체들이
모랫바닥을 뒹굴고 있었으니!
새로 들어온 녀석들을 재판정에 세워 죄를 캐묻고

곤장을 치고 싶은 마음 굴뚝 같았으나..

죽은 자도 말이 없고, 산 자도 말이 없었다..
몇 년을 함께 살던 가족 같은 녀석들이었는데.
생각할수록 굴러온 돌인 줄무늬 두 마리가 괘씸하여
씩씩거리며 화가 난 마음을 추스르고 있었다.

그로부터 며칠 후 수족관 안에서,
또 한 번의 전투가 벌어지고 말았으니!
그날의 전투가 얼마나 치열했을지 짐작하게 하는 광경..
한 마리는 물 위로, 한 마리는 수풀 사이 모래 위에
나뒹굴고 있었다.

같은 날 이사 온 동료끼리
나 죽고 너 죽자 식으로 싸울 건 뭐람?
물고 뜯고 피 흘리는,
요 녀석들은 〈캐리비안의 해적〉의 후예였으려나?

아무튼,

그 사건 이후로 몇 개월이 지났건만,
섣불리 반려 물고기를 들여놓지 못하고 있다.

II. 반려동물

나는 동물을 그다지 좋아하지 않는다.
또, 품이 너무 들어가니 감히 키울 엄두를 내지 못했다.

하지만 예외도 있다. 아들이 데려온 호동이,
사실 호동이가 본명은 아니다.
첫 이름은 모모.
포메라니안 순종으로 처음 데려왔을 때
몸무게가 600g 정도였는데,
하얀 솜뭉치가 돌아다니는 것처럼 보였다.

관절도 너무 약하고, 유약해서 병치레를 자주했다.
딸이 건강하기를 바라는 마음에,
호동이라는 예명을 붙여주었다.

관절 이외에 아프지 않고 잘 크고 있으니
이름 덕을 본 것일까?
8살이 되었지만, 워낙 작고 눈코입이 오종종하여

데리고 나가면 "아직 새끼인가 봐요"라는
말을 자주 듣는다.

동물보다는 정물을 좋아하는 '나'이지만
호동이는 그래도 정이 가는 나의 첫 번째 반려동물이다.

의리가 있고
조심성도 있고
무엇보다 마음이 따뜻한 녀석이다.
힘들어할 때면 가만히 옆에 와서 기댈 어깨를 내어주는
너를,
어찌 좋아하지 않을 수 있을까?

III. 반려 식물

예전에는 색이 화려하고 큰 꽃들만 보였다.
나이 드니, 발아래 작은 들풀들이 눈에 띄기 시작했다.

소외되고 버림받은 존재,
힘없고 여린 것들에 시선이 머물렀다.
아무도 바라봐 주는 이 없어 얼마나 외롭고,
말 붙이는 이 없어 얼마나 쓸쓸할까? 하는
생각이 들었던 걸까?

몇 년 전까지만 해도,
한 해 이상 키운 식물을 찾아보아야 할 정도로
식물의 마음 읽기에 번번이 실패했다.
해마다, 식목일이 되면
연례행사처럼 반려 식물들을 들여놓곤 했었는데..
최근에는 베란다 작은 정원에
여러 종류의 식물들이 있고,
천장에 매달린 식물들도 제법 있다.

식물을 잘 키우는 비법을 알아낸 것이다!
전에는 꽃집에서 "며칠에 한 번 물을 주세요" 하면
그대로 했지만.
키우다 보면 잎이 마르고,
때론 뿌리가 썩어서 죽는 것을
여러 번 경험하고서야
이론은 이론일 뿐이라는 것을 알게 되었다.

이제는 식물의 상태를 흙을 만져보고 판단한다.
일주일이 지났지만 흙에 물기가 많다면,
아직 물을 주어서는 안 된다.
그러면 뿌리가 썩어 버릴 테니까.
또, 목마르다고 말하는 듯한 몸짓을 보낼 때
그것을 알아차릴 수 있는 안목이 생겼다.

식물을 키우면서 문득!
자녀를 키울 때
물을 너무 많이 주거나
적게 주었던 것은 아니었는지

생각해 보게 되었다.

지나고 나면 보이는 것들이지만,

그때에는 보이지 않았다.

때로는 물을 너무 많이 주어 뿌리를 아프게 하였고

      물이 필요한데 영양제를 주어 겉 자라게 하였고

      햇빛이 필요할 때 그늘을 드리운 것 아니었던가?

나는 어떤 부모였었나 반성하는 하루가 지나간다.

힘을 주는..

말보다 가슴 저미는 절절한 마음으로

같이 울어주는 말이 좋다.

마늘코

마늘코는 버선코만큼 오뚝하지 않아서 좋다.

다가갈 수 없을 만큼 대단하지 않아서 좋다.

완만한 곡선이 만만하다.

마늘

꽁꽁 싸맨 겉옷

하늘하늘 투명 가운 걸쳤네.

어디에서

누구와도

잘 어울리는

너 닮은 사람 되고 싶다.

말

힘내라는 말이 칼바람이 되어 온몸을 때린다.
꿈틀거릴 힘이 남아 있을 때 그 말은 따뜻했다.
손가락 하나 들 힘 없는 사람에게
무심코 건네는 격려의 탈을 쓴 한마디.
힘내세요.
잘될 거예요.
상처 위에 소금을 뿌린 듯 아리다.
누군들 힘을 내고 싶지 않을까.
누군들 환도뼈를 도려낸 사람처럼
주저앉아 있고 싶을까.

단전 아래가 텅 빈 우물인데
왜 물이 나오지 않느냐고 아우성이다.
마중물이라도 부어주고 채근하지.

기댈 어깨로,
맞잡은 두 손으로
부둥켜안고 울어주는 마중물.
마중물을 부어줄 마음이 없다면
입에 발린 말은 넣어두면 좋겠어.

말보다 얼굴이 짓는 작은 떨림으로
말보다 가슴 저미는 절절한 마음으로
같이 울어주는 말(語)이 좋다.

쇠털 같은 날

게으름 피우고 싶을 때
쇠털같이 많은 날인데
내일 하라 한다.
헛되게 보낸,
쇠털 같던 시간들.
공중에 흩날리고
맨살을 드러내겠지.
남은 쇠털 뽑아
지금, 여기.
다복다복
장식할 수 있기를.

시간 분할

어제가 오늘 같고
오늘이 어제 같은 나날.
시간은 강물처럼 흐르고
대나무는 경계를 나누고.

시간이 대나무인 줄 아나 봐.
흐르는 시간에 금을 그어

어제라
오늘이라
말을 하네.

옷걸이

허물 같던 나를 일으켜 준, 고마운 너.

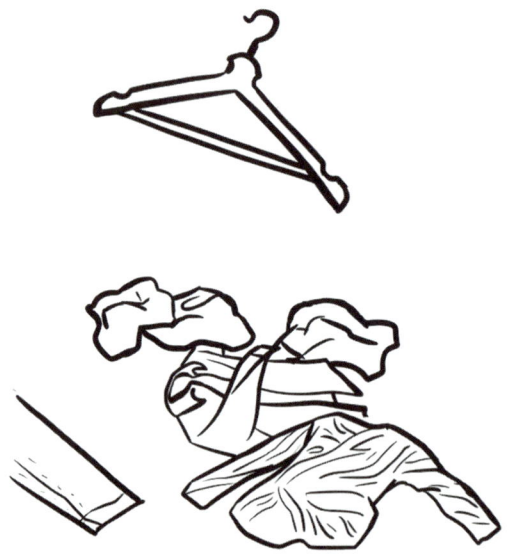

시간 요리(위드 코로나)

나 홀로 족이 된 지 어언 2년
무얼 해도 시간은 남는다.
며칠이 아닌
몇 달도 아닌
꼬박 2년여를
꽃꽂이를 배웠다가
도자기를 배웠다가
뜨개질을 했다가
비누를 만들었다가

운동을 한다.
책을 읽는다.
전화로 수다를 떤다.
가끔은 마스크 맨 되어
거리를 활보한다.

집은
체육관이 되었다가
도서관이 되었다가
뜨개방이 되었다가
비누공방이 된다.

어울리면 소진되고
홀로 우두커니 충전되지만,

혼자가 행복한 사람도
너무 기-인 시간은 조금 버겁다.

제자리

세상 모든 물건에는
자리가 있다.
자리를 벗어나면
볼품없어진다.
김치찌개에 떨어진 밥풀들,
손이 가지 않는다.
없어진 실내화 한 짝,
신발장 구두 사이에 끼어있네.
자리를 벗어나면
이 사이 낀 고춧가루처럼, 흉물스럽다.

하물며 인간이랴.
부모는 부모의 자리에
자녀는 자녀의 자리에

자리가 있으니 자리를 지켜라.
자리를 벗어나면 이름마저 빼앗길 테니.

건하

눈도 동글

코도 동글

입도 동글

배도 동글

얼굴도 동글

각진 곳 없이 동글동글하다.

101각형쯤 될 것이다.

천진한 모습으로

까르르 웃는 동그란 입.

뭐든, 입으로 가져가는 동그란 손.

신나서 발차기하는 동그란 발.

거친 풍랑에도

눈보라에도

이간질에도

날카로운 모서리 만들지 않도록.

너의 동그라미가 동그라미 되도록.
너의 동그라미가 동그라미 되기를.

까꿍

까에 얼굴을 가리고
꿍에 가렸던 두 손이 턱받침이 되게 한다.
얼굴이 사라지는 마술이다.

뱃속에서 한 살을 먹고
세상에 나온 지, 7개월이 된
건하의 눈으로 본 신기한 세상이다.

까.
꿍.

한마디에 까르르 까르르 까르르.

코끼리 다리

거칠거칠한 줄 알았는데.
원통인 것 같았는데.
천 길 절벽이었는데.
.
.
.
아니었네.
내가 본 것은 별의 한 조각.
벗어날 수 없는 증거
그조차 우주의 먼지였을까.
모퉁이 돌 하나로, 집을 알 수 없으니
그저 품으라 하시네.

마음..

생채기에 소금을 뿌린 듯,

아려온다.

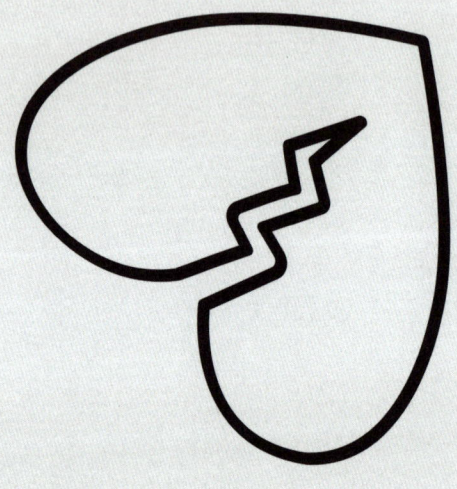

찢긴 마음

눈에 보이지도 않는 게,

너덜너덜

제기 갈기를 닮았다.

생채기에 소금을 뿌린 듯

아려 온다.

주책없는 눈물,

흐르지만 말고 상처도 씻어주길.

보이지도 않는,

닿지도 않음

그곳에,

약 한 움큼 발라

고이 싸매둔다.

고통이 고통에게

태중의 아기
한 몸이었던 네게,
소리치는지도 모른다.
너를 이해하지 못한 나를
벌주기로 한다.
폐부를 찢어 소금을 뿌린다.
고통에 찬 내면의 소리.
심연으로부터
마음 깊숙이 숨어있던,
사리 같은 눈물 한 방울.
뉘우침과 고통의 결정체.

떨어지는 나뭇잎
나무의 사리인지 모른다.
껍질을 뚫고 나오는 촉은
나무의 잉태 산물.
진주의 탄생을,
몇억 광년 떨어진 곳에서
내려다보기로 한다.

고통아
나는 네가 아니다.
너는 내가 될 수 없다.

단짝

그리움은
외로움과 맞닿아있다.
기고 설 때까지
혼자 밥을 먹을 때까지
온전히 내게 기대어 있던 생명체.
이제,
빈 둥지에서 나를 돌보며
느리게 흐르는 시간을,
잘게 쪼개어
요리한다.
외로움의 실체가 손에 잡힐 듯 가까이에 있다.
시간은 느리게 흐르고,
가슴속엔 켜켜이 그리움이 쌓이고,
마음은
어느새 그리던 이들에게 달려간다.

외로우니 그립다.

외로움은 그리움과 단짝이었나 보다.

회상

지나가다 도움 요청할 때
하릴없는 사람 되어 그의 곁을 지킬걸.
상처 입은 영혼 다가올 때
어쭙잖은 충고보다 기댈 어깨 내어 줄걸.
뉴스의 어두운 면을 보고
걱정이 나를 삼키도록 내버려 두지 말걸.
사랑이라는 명목하에
형틀 없는 감옥에 가두지 말걸.

닫힌 마음

창밖에 불타오르던
단풍나무 한 그루.
시리도록 아름다운 빛깔로
외치는 너의 함성을.
이제 한 줌 거름이 되어야 함을
겸허히 받아들이는 몸짓들.
하늘을 향해
마지막 인사를 전하는 손가락들,
보지 못했네

다시 창밖에
붉은빛이 넘실댈 때,

너의 손 잡고
춤을.

척

바퀴 굴러가는 것만 보아도
바퀴를 움직이는 사람이 보인다.
하릴없이,
이 차선 저 차선 옮겨가는 이
마음도 부표처럼 떠다니는 이.

화면을 보고 있자니,

그녀의 웃는 모습에서
아픈 마음, 전해온다.

마음의 눈은
가려진 것, 보게 하네.

바람이 전해준 이야기

흔들리는 나뭇잎.
나비의 날갯짓.
바람결에 날아와 흩뿌려진
가슴 아픈 이야기.
눈물이 할퀴고 간 자리.
상념의 시간들.
바람아,
나의 안부도 몸부림도 전해다오.

보건실 단상..

조금 부족한 너의 삶도 응원한다.

지금은 체육 시간

왁자지껄 웃음소리.

목소리 높여 떠드는 소리.

운동장 뛰며 토해내는 소리.

아파트 옥상에 맞닿아 있다.

아픔도, 슬픔도

나부끼는 나뭇잎 따라,

구름 위로 날려버리고.

성적으로 줄 세우는

세상 잣대 던져버리고.

가로놓인 소통의 장벽도,

한바탕 고함으로 날려버린다.

두각

one of them이 되는 건 견딜 수 없어.
야단맞고, 이 교무실 저 교무실 불려 다녀도
존재감 없는 건 참을 수 없어.

한 번만 눈길을 달라고
한 번만 쓰다듬어 달라고
온몸으로 내뿜는, 소리 없는 아우성.

점심 먹고 나면 불쑥 열리는 문.
알록달록, 수면 바지를 입고 학교에 왔네.

눈에 뜨이지 않았을 때
문제 일으키지 않았을 때
아무도 네게 관심 가지지 않았지.

이제야 선생님들의 시선이 네게 머무네.

담배를 왜 피우니.
왜 이렇게 늦게 오니.
수업 시간에 왜 돌아다니니.
옷이 그게 뭐니.

무관심보다 야단맞는 게 낫다고.
투명인간 취급받는 것보다
눈 밖에 나는 게 낫다고.
외치는 메아리들.

무관심은 우주 공간에 홀로 있는 외로움.

영혼의 허기는
다정한 손길로
따스한 눈빛으로
그윽한 미소로 채워진다는 것을.

one of them이 아닌
너는 너라는 고유명사이니까.

출근길

깜박이는 차 뒤꽁무니에도
표정이 있다.
미안하다고 깜박깜박
무례하게 슉~
줄달음치는 행렬 사이로
끼어드는 고철 덩어리들.

마음은 벌써 저 멀리.
몸은 뒤엉킨 차들 사이에
끼어 있다.

넓게 펼쳐진 논과 강
둘러보는 건 사치다.

시야는 예각. 직진본능.
도로 위 자동차 숲을 헤치고,

오늘도 그 문을 들어서야 한다.

늦기 전에.

욕

운동장에서는 체육수업이 한창이다.
곧 있을 체육대회의 축구 예심이 있는 날,
땀으로 목욕을 한 듯한 한 무리의 아이들이,
보건실 앞 정수기에서 정신없이 물을 들이켜고 있다.
갑자기, 왁자지껄한 소리
개**, 완전 빡쳐, 존* 등 쏼라쏼라
내뱉는 말의 반이 욕이다.
벌컥 문을 열고
"얘들아, EBS '욕하는 뇌'라는 특집 본 적 있니?"
"아니요."
"시간 날 때 한번 찾아봐."

욕을 하면 전두엽이 어쩌고저쩌고하는데,
벌써 아이들은 복도 끝으로
순간이동 하고 있다.
그래,

욕으로 더럽혀진 내 귀나 씻어내야겠다.

말끝마다 붙는 개(멍멍개 아니지!)는 접두사라 여겨야지.

진짜, 정말 정도라고 생각하면 틀리지는 않겠다.

개 싫어, 개 빡쳐, 개 힘들어

*나 싫어, *나 힘들어

욕설이라는 걸 알지만,

그들의 세계에서 더 강해 보이고 싶어,

센 표현을 찾다 보니 점점 더 많이 사용하게 되고,

더 거친 욕을 하게 되는 것이 아닐까?

맛있어도 그냥 맛있는 게 아니라, 개 맛있고

짜증이 나도 그냥 짜증이 나는 게 아니라, 개 짜증 나고

세종대왕 님,

어린 중생들의 팍팍한 삶을 굽어살피시길..

먼저 난 죄로 그들 대신 머리를 조아린다.

상벌위원회

일주일 후 상벌위원회가 열린다.
벌점이 쌓인 아이들은 쉬는 시간과 점심시간,
방과 후에 바쁘게 돌아다닌다.

벌점을 상쇄하기 위한
그야말로 눈물겨운 노력이 시작된다.
"선생님, 시킬 일 없어요?"
벌점 감면 봉사 활동지를 들고 와서는
당장 할 일을 내놓으란다.

"그럼, 보건실 바닥과 창틀 청소, 어때?"
"좋아요."
일거리를 내놓으라는 반협박(?)에 일을 맡긴다.

문이 열리고,
또 한 녀석

"선생님, 할 일 없어요?"
"음, 뭐를 해야 하나? 어제 물품 상자가 도착했는데…"
"네, 할게요!"
녀석과 같이, 박스를 뜯어 물품을 분류하고
차곡차곡 수납한다.
정리가 끝나자,
불쑥 들이미는 봉사 활동지에
보건실 물품 정리라 적고 서명 후 보낸다.

점심 먹고 들어오니
"선생님! 벌점 까야 돼요.
일 좀 시켜 주세요!"
다시,
깨끗해진 바닥과 창틀을 닦으라 한다.
그리곤 서명을 해 준다.
조금 있다,
문이 불쑥 열리고
"선생님, 급해요. 벌점 엄청 많단 말이에요.
빨리 일 좀 주세요!"

맡겨놓은 물건 찾듯, 일을 달란다.
더 할 일이 없는데? 라는 말이 떨어지기 무섭게
둘러보더니,
일거리를 찾아다닌다.

안정실로 들어가더니
멀쩡한 침대 이불을 털고 각 잡아 개켜놓는다.
그리곤 칸막이 위에도, 냉장고 위도
물걸레로 싹싹 닦는다.
샘, 여기 사인해 주세요.

그래, 억지스럽기는 하다만, 어떠랴?
벌점이 아주 많이 쌓여서, 에라 모르겠다 하고
막 나가기 전에,
이쯤에서 유턴(U-turn) 하도록,
너무 멀리 가지 않도록,
물꼬를 돌려놓아야 한다.

"그래, 앞으로는 벌점보다 상점!"

이라 말하며 사인한 종이를 건넨다.
"인생살이, 골치 아픈 일에 휘말리지 말고!"
라는 혼잣말은 삼킨다.

몇 년 지난 후, 찾아오는 녀석들을 보면
언제 그랬냐는 듯이 철이 들어 있음을
경험으로 알고 있기에
조금 부족한 지금 이대로 너의 삶도 응원한다!

보건실은 참새 방앗간

문이 벌컥 열리고,
"선생님!
가정시간에 필요한데
일회용 장갑 있어요?"

하나를 꺼내주며
"요리할 때 쓰고
뒷정리하고
쓰레기 버릴 때 쓰면 되겠다.
일회용 아니고, 3회용이다."

조금 있다 또 한 녀석
뛰어들어와서는
"선생님!
미술시간에 필요한데
일회용 비닐백 하나 주세요."

꺼내주며,

"이거 일회용 아니야.

물건 담았다,

그냥 버리지 말고

한 번 더 쓰면 되겠다.

비닐이 썩는 데 50~100년 걸린다는 거 알지?"

아이들은 말이 길어진다 싶으면

"샘, 빨리 가야 돼요!"

얼른 나가버린다.

필요할 때면 드나드는 학교 보건실은

참새 방앗간이다.

아니, 물품 조달청이다.

"선생님,

계단 뛰어 내려오다 바지 찢어졌어요.

혹시, 실 바늘 있어요?"

"옜다!

안에서 꿰매 입고 나와."

"넹, 감사합니당."

이럴 때만 착한 눈빛(?)에 애교 장착된 목소리다.

"선생님!
계단에서 넘어져서 안경다리가 부러졌어요.
반창고 좀 빌려주세요."
갚을 것도 아니면서 빌려 달란다.
자주 드나드니, 미안해서 그러는 게지.

또 한 날,
"선생님,
새가 유리문에 부딪혀서 죽은 거 같아요...
심폐소생술 해주세요, 제발~"
그러나 그 부탁은 들어줄 수 없었다.
당시 조류독감이 유행하고 있었고,
딱 보기에도 새는 운명을 달리한 지 제법 되었으니까.
작은 박스에 담아, 학교 주무관님께 부탁드렸다.

아이들은 못내 아쉬워했지만..
나는, 손 잘 씻으라는 말과 함께 교실로 돌려보냈다.

그리고,
몇 주 후 점심시간, 다리가 부러진
장수풍뎅이를 손에 들고 들어왔다.
생명을 사랑하는 그 마음이 예뻐서,
보건 수업 시간에 배운 테이핑 요법 알지?
하며 테이프를 조금 잘라 주었다.

보건실을 드나드는 이유는,
대략 오만칠천 가지 정도.

보건실은 공기가 다르단다.
상쾌해서 엄청 좋단다.

"애들아,
쉬는 시간마다 창문 열어 환기시키면,
산소는 들어오고

이산화탄소는 밖으로 빠져나가서
졸리지도 않고
집중도 잘되고.."
라고 말해보지만,

녀석들은 교실 창문은 열지 않고
오늘도, 보건실로 맑은 공기 마시러 온다.

화..

화(火)는

화염(火焰)보다 무섭다.

월급

시간을 저당 잡히고, 데려온 너.

21C 신문고

억울하옵나이다.
심히 억울하옵나이다.
비천한 백성을 위로하는 천상 음, 둥둥 둥두둥둥.
민초들의 아리고 힘든 마음을 어루만지는,
커다란 북이 있었지.

긴 세월 흘러
자판 두들기다.
억울합니다.
시정해 주십시오. 타다닥 탁탁.

비뚤어진 세상사.
못 본 체 부끄러워
네모난 기계 안에
타다닥 탁탁 모두 쏟아내고,
까* 답변을 기다리다.

마땅한 분노(火)

몸 안에서 붉은 연기 피어오른다.

심장은 요동치고
뇌는 얼어붙고
얼굴은 오색단풍
몸은 경련을 일으키다.

천안함
세월호
그리고,
나영이
정인이..
지켜주지 못한 그 이름.

생선 맡은 고양이, 돔 안의 인간들이
남의 것 빼앗아 제 배 불리는, 기름진 낯짝들이

몸속 심지에 불을 붙인다.
폐부 속 질서를 어지럽힌다.

화(火)는 화염(火焰)보다 무섭다.

붕괴

빨리빨리

위로위로

아껴아껴

견디다 못해 폭삭

성수대교

삼풍백화점

.

.

이어 광주 아이파크까지.

목숨을 담보로

뒤꽁무니 감춘 돈.

금과 은으로 꾸민 집안.

충돌에도 끄떡없는 자동차.

외국에서 들여온 값비싼 식자재.

콘크리트 잔해 속 누워있는 영령들의 목숨값이다.

힘없이 사그라든 영령들이여,
침묵하지 않으리라.

이중잣대

달리다 돌부리에 걸려 넘어지면
툭툭 털고 일어나라 말하고.
갑자기 쏟아진 폭우에 흠뻑 젖으면
마른 옷 내어주지.

시험에 낙방하면
용기 북돋우어 주고.
길을 가다 발을 밟히면
안쓰러워하네.

발을 밟혀도
온몸으로 비바람을 맞고 서 있어도
돌부리에 걸려 피를 철철 흘리고 있어도
왜 남의 발밑으로 들어왔냐고
왜 바보같이 비를 맞고 다니냐고
나무라네.

밟은 사람은 아무렇지 않게 살아가는데
밟힌 사람은 제 탓인 양 주눅 들어
숨어드네.

이럴 때는 이런 잣대로
저럴 때는 저런 잣대로,

엿장수 맘대로.

일터

찌든 몸과 맘을 이끌고
미명에 나섰던
동굴로 들어간다.
일터의 때를 온몸에 바른 채.
나는 쉬어야 한다.
나는 먹어야 한다.
나는 널브러져 있을 것이다.
나는 가마니가 될 것이다.

적을 만난 늑대처럼
발톱을 드러내고 말았다.

보이지도 않는 녀석은

언제나 무찔러야 할 대상이 되었다.

냄새도 형체도 없는 녀석 향해 주먹을 내지른다.

화를 없애느라 돋아난 화.

피로는 피로로

긴장은 긴장으로

힘듦은 힘듦으로

고이 두어라.

화가 또 다른 화를 불러오기 전에.

산소면접권

수술기구 소독 후에는
수 시간 에어레이션을 한다.
일에 치여,
사람에 치여,
정신이 흐릿할 때.
나를 에어레이션(Airation) 하기로 한다.

하늘 향해 팔을 벌리고
다리는 나무뿌리처럼 땅을 굳게 딛고.
코로
입으로
피부로
온몸으로

수천 킬로미터를 날아온 산소 알갱이
우주에 퍼져있는 바람의 정령을
폐부 깊숙이 불러들인다.

이윽고, 에어레이션 되고 말았다.

남은 하루도 거뜬하게 버틸 것이다.

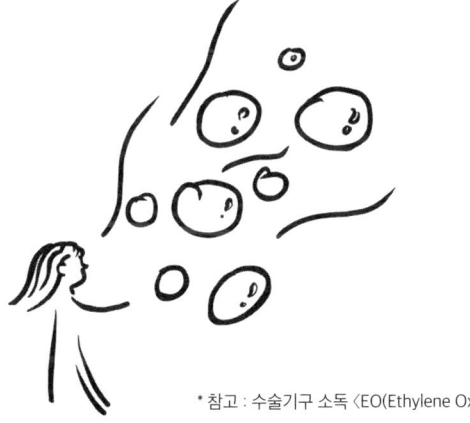

* 참고 : 수술기구 소독 〈EO(Ethylene Oxide)〉 가스 소독

마실..

골목을 누비고 다니지만

늘 새롭다.

깨비 시장

우리 아파트 정문을 나서면 전통 시장이 있다.

살아 숨 쉬는 그 길 끝에는, 바다가 펼쳐져 있을 것만 같다.

몸뚱어리 하나만이 유일한 뉜네.

하루도 쉬는 날 없이,

남의 가게 앞에서 나물을 다듬고 있다.

칭얼대고 싶다가도

어리광이 쑥 들어가게 만드는 인생학교(人生學敎).

생동감으로 꿈틀대는 그 골목은

초록별의 한 귀퉁이.

방망이 들고 뚝딱이라 소리친 듯,

하늘에서 별의별 것, 쏟아지는 만물상회.

도깨비에서, '도'를 뺀 '깨비 시장'이라 부른다.

동네 탐방

골목을 누비고 다니지만
늘 새롭다.
코끝을 스치는 냄새도
살갗에 와 닿는 공기도
나날이 새롭다.
어제의 내가 아니니.
산을 한 바퀴 돌아,
깨비 시장으로 내려왔다.
난전을 둘러보는 재미가 쏠쏠하다.

새로 입점한 반찬가게.
공간 활용 만점, 컨테이너 약국.
방송 나온 탕수육 가게.
겨울 한정 붕어빵 리어카.
여든 넘으신 할머니의 야채 좌판.
모두 나의 관심 매장이다.

활기로 가득 찬 이곳은,
게으름 퇴치, 마음 치유 수련장이다.

내리쬐는 뙤약볕
살을 에는 추위도
아랑곳하지 않는 용사들 보며,
오늘도 내 안의 답을,
찾아간다.

글을 마치며

꾀병도 병이다

군시절, 수술실 간호장교로 근무를 하던 때였다.

어느 날 정형외과에 이상한 환자가 들어왔다는
소문이 쫙 퍼져 있었다.
갑자기 팔꿈치가 90도 정도 구부러진 상태로
펴지지 않는다며 자대 의무실을 거쳐
긴급 전원을 온 이등병이었다.

함께 온 동료에 의하면 일상생활을 하던 중
갑자기 한쪽 팔이 강직되어 굳었다고 하는
알 수 없는 설명을 늘어놓았다는..

정형외과 군의관은 X-ray 촬영과 모든 검사를
했지만, 이상 소견을 발견할 수 없었고.
결국, 정신과 군의관에게 의뢰를 하게 되었다.

정신과 군의관은 ○ 이병을 면담했지만,
인과관계를 추정할 만한 어떠한 단서도
발견할 수 없었다고 한다.

급기야 장정 몇 명이 달려들어 펴보려고 했지만
팔은 옴짝달싹하지 않았다.
자대로 돌려보낼 수는 없었기에
○ 이병은 정신과 병동에 입원하여
한 팔로 세수도 하고 밥도 먹고
그럭저럭 잘 적응하며 병원 생활을 이어나갔다.

어느 날 점심을 먹고 수술실로 돌아오는 길에
혼자 땀을 뻘뻘 흘리며 연병장을 뛰고 있는
○ 이병을 보게 되었다.
팔꿈치는 여전히 구부려진 채
가쁜 숨을 몰아쉬고 있었다.

꽤 긴 시간을 달렸는지 얼굴과 몸은 땀에
절어 있었고 얼굴에는 힘든 기색이 역력했다.

내리쬐는 뙤약볕에 눈이 반쯤은 감긴 상태로
비몽사몽간에 달리고 있는 듯 보였으니까.

바로! 그 순간이었다.
단상에 기대어 서 있던 군의관이 힘껏 달려가
뛰고 있던 O 이병의 발을 걸어 넘어뜨렸다.
그 순간 도저히 믿을 수 없는!
말도 안 되는 신기한 일이 눈앞에서 펼쳐졌다.

발에 걸려 넘어진 O 이병의 절대 펴지지 않을 것
같았던 팔이 쭈욱! 펴지고 말았으니!!
O 이병이 당황하여 어찌할 바를 몰라 하던 차에,
정신과 군의관과 뒤에 있던 위생병이
O 이병의 일자로 곧게 펴진 팔을 잡고
건물 안으로 들어가는 것을 보았다.

며칠 후 군대 생활이 너무 하기 싫어 생긴
꾀병이 만들어 낸 '신체화 증상'으로 결론이 내려졌다!
O 이병을 자대로 돌려보냈느냐고

NO!!

결론은 ○ 이병을 자대로 돌려보내지 않고,

계속 정신과에서 치료를 받게 했던 기억이 있다.

정신과 군의관 왈(曰)

'꾀병도 병이다'

얼마나 군대 생활이 싫었으면 팔이 구부러져

장정 몇 명이 달려들어도 펴지지 않았겠는가?

마음이 몸을 지배한다는 것을 다시 한번 알게 되는

웃지 못할 사건이었다.

내 기억의 단상은 거기까지.

나중에 언제 자대로 돌아갔는지는

기억에 남아있지 않지만,

그날의 기억은 수십 년이 지난 지금도

나의 뇌리에 선명하게 각인되어 있다.

몸과 마음이 아닌 몸맘,

둘이 아니라 하나라는 사실 말이다.